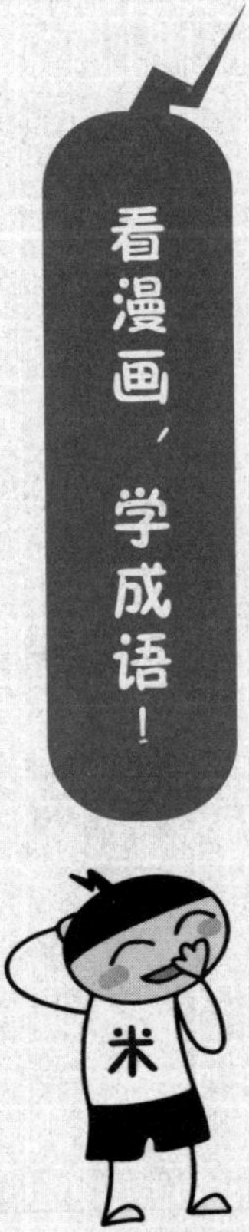
看漫画，学成语！
米

米小圈趣学系列

# 米小圈漫画成语

## 马不停蹄

北猫 编著

四川少年儿童出版社

# 马不停蹄

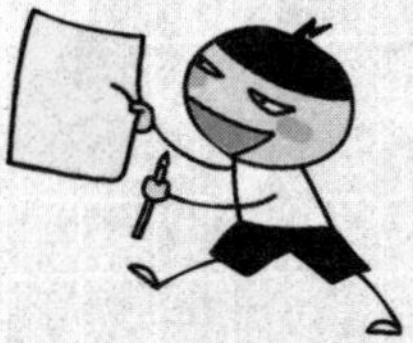

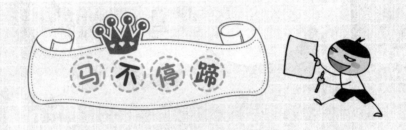

# 前言

亲爱的同学们，你们好吗？你们一定比我米小圈过得好，因为我们学校下周就要举办一场“成语大赛”了。倒霉的是，老妈居然也给我报了名。

老妈把一本厚厚的《成语词典》放到我的桌子上：“米小圈，把这本词典都背下来，你就可以成为学校的

成语状元了。”

可是这么厚一本《成语词典》，我要背到何年何月呀?！等我都背下来，说不定我都已经小学毕业了。更讨厌的是，这本《成语词典》太枯燥了，一点儿都不好看。要是成语可以像漫画一样好看那就好了。

第二天，我的好朋友姜小牙举着一本书走到我面前：“米小圈，谁说成语不可以像漫画一样好玩？这本《漫画成语》送给你，祝你成为成语状元。”

我打开这本漫画成语书，立刻就被里面啼笑皆非的情节吸引住了。天哪！我居然记住了“啼笑皆非”这个成语，我要多看几页才行，这样就可以记住更多的成语了。

同学们，快快和我一起打开这本《漫画成语》吧！

# 目录

# 马不停蹄

# kāi mén jiàn shān
# 开门见山

## 解释

推开门就可以看到山。比喻说话、写文章一开头就直入正题。

## 造句

李黎的演讲**开门见山**，直接切入主题。

## 近义词 反义词

近义词：直截了当 单刀直入

反义词：隐晦曲折 转弯抹角

# 开门见山

魏老师，我、我、我……
你、你、你、什么呀？
老师，铁头在学小狗叫，汪汪！
忘忘、忘忘……
米小圈，这里没你的事。
铁头，有什么话你开门见山地说吧。
那我可就说了。
我忘记写昨天的作业了。
什么？

# pò tì wéi xiào
# 破涕为笑

## 解释

涕：眼泪，指哭泣。破涕：停止哭泣。停止哭泣，露出笑容。形容转悲为喜。

## 造句

经米小圈这么一说，徐豆豆便**破涕为笑**，又高兴起来了。

## 近义词 反义词

近义词：转悲为喜

反义词：泣不成声　泪如雨下

# 破涕为笑

铁头，你昨晚为什么不写作业？
老师，我忘记了。
下次不许再忘记了。
老师，我对不起你。
今天补上就行了，别哭了。
可是昨天的作业好多呀。
算了，昨天的作业你下周交吧。
真的吗？嘻嘻。

jí zhōng shēng zhì

# 急中生智

## 解释

在危急的时候突然想出了好主意。

## 造句

就在大家束手无策时，米小圈**急中生智**，想出了一个好办法。

## 近义词 反义词

近义词：情急生智 随机应变

反义词：束手无策 无计可施

# 急中生智

完了，我昨晚只顾着补之前的作业，忘记写周末的作业了。
那你死定了。
米小圈，你最聪明了，快帮我想个办法吧。
好吧，容我三思。
好吧，也没有别的办法了。
有办法了，你瞎写吧，先把作业交上去再说。
但愿铁头能蒙混过关。

làn yú chōng shù

# 滥竽充数

## 解释

滥：不真实。竽：一种簧管乐器。充：凑合。人没有才学，混在行家里面充数。也形容以假充真，以次充好。

## 造句

姜小牙在这次大合唱中**滥竽充数**，结果被魏老师发现了。

## 近义词 反义词

近义词：鱼目混珠 名不副实

反义词：名副其实 货真价实

# 滥竽充数

铁头，你的数学作业怎么全错了？
数学太难了，我不会写。
不对！你一定是连题都没看，瞎写的。
你怎么知道？
你这是在滥竽充数。
是米小圈出的馊主意。
啊！
米小圈，你就是这么帮助朋友的吗？
老师，我错了。

# lì gān jiàn yǐng
# 立竿见影

## 解释

在阳光下竖起竹竿，立刻就能看到它的影子。比喻效果显著、迅速。

## 造句

铁头没白努力，这次考试，收到了**立竿见影**的效果。

## 近义词 反义词

近义词：立见成效 卓有成效

反义词：徒劳无功 杯水车薪

# 立竿见影

铁头，你怎么又考了倒数第一？
我已经尽力了。
真的？
我有个立竿见影的办法，明天铁头绝对不会考倒数第一。
第二天
铁头，你这次考了倒数第二。
真的呀！太棒了。
老师，我的办法不错吧？
可是米小圈你考了倒数第一。
哎呀！

# kǒu shì xīn fēi
# 口是心非

## 解释

嘴里说的是一套，心里想的又是另外一套。形容心口不一。

## 造句

有些人不真诚，总是**口是心非**，我们不能和这种人交朋友。

## 近义词 反义词

近义词：心口不一 言不由衷

反义词：心口如一 表里如一

# 口是心非

同桌，我今天帅不帅？
哇！好帅呀。
太浮夸了吧，你这明显是口是心非。
这都被你发现了。
敢不敢把心里话大声说出来。
那我可就说了。
米小圈特别丑，人长得丑，新衣服也丑，脑袋上的闪电发型更丑。

# cū xīn dà yì<br>粗心大意

## 解释

不细心，不注意。形容做事马马虎虎，不细心。

## 造句

铁头总写错别字，太**粗心大意**了。

## 近义词 反义词

近义词：粗枝大叶 马马虎虎

反义词：小心谨慎 小心翼翼 一丝不苟

# 粗心大意

米小圈，我出事了。
你别告诉我又忘记写作业了。
当然不是，我昨晚把作业全都写完了，并且放在了书包里。
那就好。
可是我书包忘记背来了。
什么？
铁头，你怎么这么粗心大意？
老师，我真不是故意的。

# wú suǒ shì shì
# 无所事事

## 解释

事事：做事。指闲着什么事也不干。

## 造句

同学们都在忙前忙后，只有徐豆豆一副**无所事事**的样子。

## 近义词 反义词

近义词：游手好闲　饱食终日

反义词：起早贪黑　日理万机

# 无所事事

叔叔，铁头在吗？
铁头练武术去了。
叔叔，姜小牙在吗？
姜小牙学习吹小号去了。
放暑假真的好无聊呀，简直就是无所事事。
米小圈，你暑假作业写了吗？
没写呀。
那还不赶快去写！

马不停蹄

xuě zhōng sòng tàn

# 雪中送炭

## 解释

在严寒大雪的天气，给人送炭取暖。比喻在别人困难或急需帮助时及时地给予帮助。

## 造句

铁头快要饿疯了，米小圈给他送来了汉堡包，真是**雪中送炭**。

## 近义词 反义词

近义词：急人之难 救困扶贫

反义词：落井下石 雪上加霜

# 雪中送炭

我们应该对别人雪中送炭。
雪中送炭
老师我明白了。
终于下雪了，我的机会来了。
我好饿呀。
我来帮助你。
这些炭送给你。
谢谢你，可我现在更需要吃的。

hàn liú jiā bèi

# 汗流浃背

## 解释

浃：湿透。流汗极多，湿透了背上的衣衫。原形容极度恐慌或惭愧的样子。现泛指满身大汗。

## 造句

铁头一口气爬到了山顶，累得他**汗流浃背**。

## 近义词 反义词

近义词：挥汗如雨 汗如雨下

反义词：若无其事

# 汗流浃背

铁头，你真是个爱劳动的好孩子。
老师，这些都是我应该做的。
看你出了一头汗，快擦擦。
谢谢老师。
老师，你看我劳动多卖力，我已经汗流诀背了。
你这叫落汤鸡。

# hú sī luàn xiǎng
# 胡思乱想

## 解释

指没有根据、脱离现实地瞎想。

## 造句

米小圈告诉徐豆豆不要总是**胡思乱想**。

## 近义词 反义词

近义词：想入非非

反义词：脚踏实地 冥思苦想

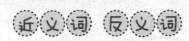

# 胡思乱想

米小圈，你听说了吗？这学期我们要重新选班干部。
真的吗？那太好了。
米小圈在傻笑什么呢？
嘻嘻嘻嘻，我要是能当上班长，李黎可就要倒霉了。
李黎，去扫厕所。
好吧。
哈哈哈哈……
是！
米小圈，别胡思乱想了，去扫厕所。

máo suì zì jiàn

# 毛遂自荐

## 解释

毛遂：战国时代名人。指没有经人介绍而自我推荐。

## 造句

米小圈**毛遂自荐**，当上了班里的劳动委员。

## 近义词 反义词

近义词：自告奋勇

反义词：推三阻四

# 毛遂自荐

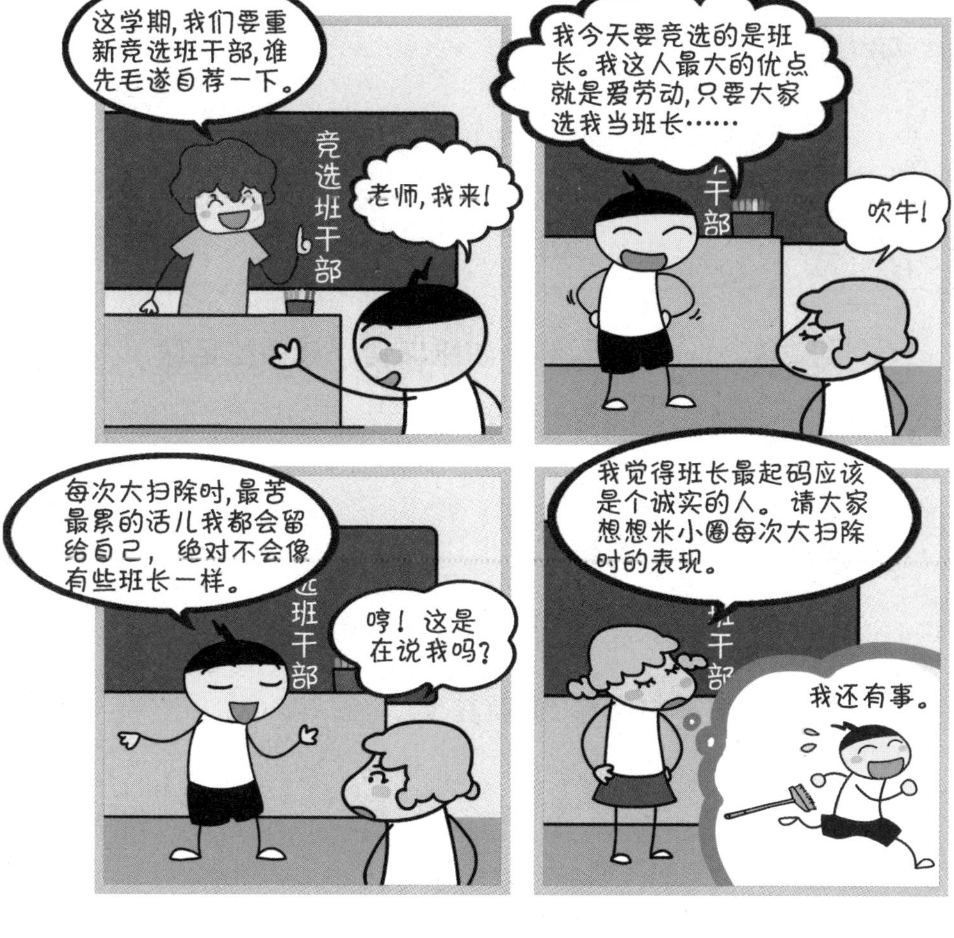
这学期，我们要重新竞选班干部，谁先毛遂自荐一下。
竞选班干部
老师，我来！
我今天要竞选的是班长。我这人最大的优点就是爱劳动，只要大家选我当班长……
吹牛！
每次大扫除时，最苦最累的活儿我都会留给自己，绝对不会像有些班长一样。
哼！这是在说我吗？
我觉得班长最起码应该是个诚实的人。请大家想想米小圈每次大扫除时的表现。
我还有事。

rú yuàn yǐ cháng

# 如愿以偿

## 解释

如：按照。偿：偿还，实现。指愿望得到实现。

## 造句

经过努力，米小圈终于**如愿以偿**，成为校足球队的正式球员。

## 近义词 反义词

近义词：称心如意 心满意足 心想事成

反义词：事与愿违 适得其反

# 如愿以偿

我来宣布一下班干部的名单。
好期待呀！
米小圈，这学期的劳动委员就是你了。
太棒了，如愿以偿啦！
你不是爱劳动吗？你就当劳动委员吧。
劳动委员是做什么的？
就是劳动时冲在最前面的。
我辞职行不行？

xiù shǒu páng guān

# 袖手旁观

## 解释

把手放在袖子里在旁边观看。比喻置身事外，不过问其事，也不协助别人。

## 造句

铁头是米小圈的好朋友，他有困难，米小圈当然不会**袖手旁观**。

## 近义词 反义词

近义词：隔岸观火 漠不关心

反义词：挺身而出 见义勇为 拔刀相助

# 袖手旁观

好辛苦呀！
李黎，你为什么袖手旁观？
因为你是劳动委员呀。
劳动委员，你帮我扫地吧。
不行！
是谁说最苦最累的活儿都留给他的。
米小圈不带头劳动。
米小圈不帮我劳动。
我真的不想当了。
米小圈你这个劳动委员是怎么当的？

# bù xiáng zhī zhào
# 不祥之兆

## 解释

祥：吉祥。兆：征兆。不吉祥的征兆。

## 造句

受到古时科学水平的局限，古人认为日食是一种**不祥之兆**。

## 近义词 反义词

近义词：凶多吉少　大祸临头

反义词：大吉大利　洪福齐天　福星高照

# 不祥之兆

我昨晚做了一个噩梦,吓死我了。
什么样的噩梦?
我梦见自己作业本上的字全都消失了。
梦都是相反的。
我觉得这是不祥之兆。
米小圈,你这是迷信。
米小圈,你竟然不写作业?本子上一个字都没有。
不好!竟然是真的。
活该!

yí chàng yí hè

# 一唱一和

## 解释

一人唱歌，一人相和。比喻彼此配合，相互呼应。

## 造句

米小圈和姜小牙**一唱一和**的，很像一对相声演员。

## 近义词 反义词

近义词：遥相呼应

反义词：各行其是 各自为政

# 一唱一和

老师，你原谅我吧。
是呀，人非圣贤，孰能无过呢。
不行！一定要叫你家长来。
我下次一定按时完成作业。
知错就改，善莫大焉呀。
那也不行！
再给我一次机会吧。
老师，高抬贵手吧。
铁头，这里没你的事，你跟米小圈一唱一和的做什么？
哦？
其实我也没写作业。
什么？

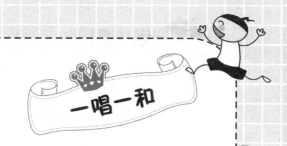

# tóng bìng xiāng lián
# 同病相怜

## 解释

怜：怜悯，同情。比喻有同样不幸遭遇的人能相互理解，互相同情。

## 造句

这对**同病相怜**的朋友，总是甘苦与共，感情十分深厚。

## 近义词 反义词

近义词：患难与共 同舟共济

反义词：幸灾乐祸

# 同病相怜

米小圈和铁头昨天没有完成作业。
什么？
这个铁头，看我回家怎么修理他。
希望你们做家长的多督促孩子。
好！我一定看着他把作业写完。
快去写作业！
作业
我好命苦呀！
快去给我写作业！
作业
我好命苦呀！

# fèi qǐn wàng shí
# 废寝忘食

## 解释

废：停止。寝：睡觉。顾不上睡觉，忘记了吃饭。形容专心致志地做某一件事。

## 造句

**废寝忘食**地学习固然值得表扬，但也要注意休息，劳逸结合。

## 近义词 反义词

近义词：兢兢业业 夜以继日

反义词：无所事事 饱食终日

# 废寝忘食

嘻嘻，这漫画书可真逗呀。
我能进来吗？
稍、稍等一下！
米小圈，辛苦了，吃点儿水果吧。
不吃了，我要赶快学习。
这么晚了，你还不睡觉呀？
不晚，我再学一会儿。

# bá miáo zhù zhǎng
# 拔苗助长

## 解释

把秧苗拔起一点儿，以帮助秧苗快速生长。比喻做事违反事物的发展规律，急于求成，反而坏事。

## 造句

家长应该引导孩子循序渐进地学习，不能急于求成，更不能**拔苗助长**。

## 近义词 反义词

近义词：急功近利

反义词：循序渐进 因势利导

# 拔苗助长

爸爸，我好困呀。
写不完作业不许睡觉。
爸爸，我的作业写完了。
不错！再把明天的功课预习一下。
我好饿呀。
你没听说过“废寝忘食”这个成语吗？
我只听过“拔苗助长”这个成语。
别哭了，快点儿学习。

# wú jīng dǎ cǎi
# 无精打采

## 解释

形容情绪低落，精神萎靡不振。

## 造句

昨晚米小圈玩得太晚了，以至于今天上课一直**无精打采**。

## 近义词 反义词

近义词：垂头丧气 萎靡不振

反义词：精神抖擞 神采焕发 神采奕奕

# 无精打采

昨天学习到深夜，我现在好困呀。
这样身体会吃不消的。
昨天看漫画书到深夜，我现在好困呀。
哼！活该。
同学们，把书翻到第27页。
ZZZ
米小圈，你竟然上课睡觉。
米小圈昨天看漫画书到深夜。
ZZZ

# 猜成语

（答案见 132 页）

# 猜成语

（答案见 132 页）

xiān zhǎn hòu zòu

# 先斩后奏

## 解释

斩：杀头。奏：报告。原指先处决罪犯，然后再报告皇帝。后比喻未经请示先做了某事，造成既成事实，然后再向上级报告。

## 造句

自从被妈妈教育以后，米小圈做事再也不敢**先斩后奏**了。

## 近义词 反义词

近义词：先行后闻

反义词：事先请示

# 先斩后奏

老爸，我想买一个驱逐舰模型。
这个嘛，要看你的表现。
老爸，我一定好好学习，就给我买一个吧。
好吧。
就知道你会同意，我已经用我的压岁钱买回来了。
米小圈，你这是先斩后奏呀。
一点儿都不贵，才1996元。
什么？

jiāng jì jiù jì
# 将计就计

## 解释

利用对方的计策，反过来向对方施计。

## 造句

米小圈**将计就计**，故意让姜小牙先胜一局使姜小牙放松了警惕。

## 近义词

近义词：顺水推舟

# 将计就计

我新买的橡皮丢了。
一定是班里有贼，不如我们来一招将计就计吧。
你们看，我爸爸新给我买的钢笔。
真漂亮呀。
呜呜……米小圈，我的钢笔也不见了。
太棒了，这说明班里真的有贼。
但这个贼到底是谁，我也不知道。
什么？把钢笔还给我。

zì tóu luó wǎng

# 自投罗网

## 解释

罗网：捕鸟的器具。自己钻进捕鸟器里去。比喻自己进入对方设下的陷阱。

## 造句

警方已经布置下天罗地网，等着罪犯**自投罗网**。

## 近义词 反义词

近义词：自取灭亡 作茧自缚

反义词：死里逃生

# 自投罗网

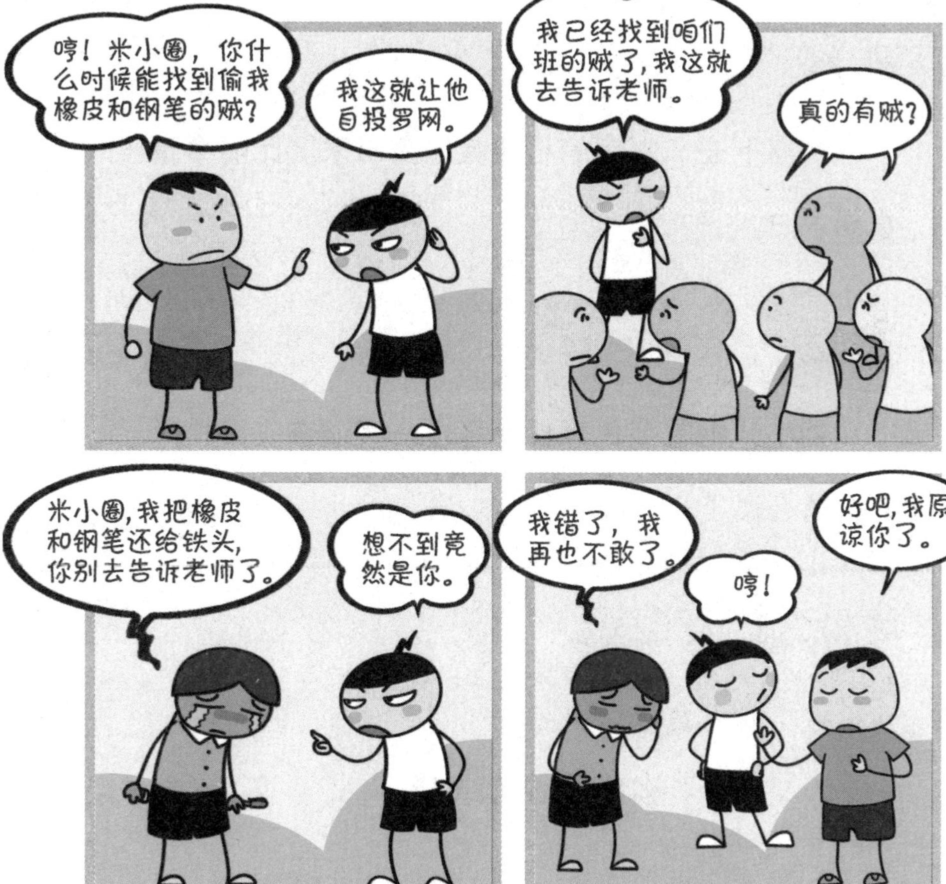
哼！米小圈，你什么时候能找到偷我橡皮和钢笔的贼？
我这就让他自投罗网。
我已经找到咱们班的贼了，我这就去告诉老师。
真的有贼？
米小圈，我把橡皮和钢笔还给铁头，你别去告诉老师了。
想不到竟然是你。
我错了，我再也不敢了。
哼！
好吧，我原谅你了。

# shuǐ luò shí chū
# 水落石出

## 解释

水落下去，水底的石头就显露出来。比喻事情真相大白。

## 造句

姜小牙钢笔丢失事件，经过一番调查，事情总算**水落石出**了。

## 近义词 反义词

近义词：真相大白

反义词：扑朔迷离 真假莫辨

# 水落石出

这下终于水落石出了。
米小圈，你可真聪明。
我觉得我们应该把这件事告诉老师。
这可不行。
大家知道张爽偷拿同学的东西会看不起他的。
是呀，就没有人愿意跟他做朋友了。
我们暗地里监督他，这样他就不敢再犯错了。
没错！

马不停蹄

# guā mù xiāng kàn
# 刮目相看

## 解释

用新的眼光来看待。

## 造句

铁头说自己一定要努力学习，让大家**刮目相看**。

## 近义词 反义词

近义词：另眼相看

反义词：不屑一顾

# 刮目相看

米小圈，你竟然这么早来学习？
我本来就很爱学习呀。
从今天开始我要让所有人对我刮目相看。
那我们就拭目以待吧。
米小圈，我们去踢足球吧？
好呀！
你不是说要努力学习吗？
我们走，别理她。
好吧。
米小圈还是老样子。

guǎi wān mò jiǎo

# 拐弯抹角

## 解释

沿着曲折的道路走或形容道路弯弯曲曲。比喻说话、写文章不直截了当。

## 造句

铁头是个心直口快的孩子，说话从不**拐弯抹角**。

## 近义词 反义词

近义词：旁敲侧击 迂回曲折

反义词：直截了当 开门见山 单刀直入

# 拐弯抹角

李黎，我们是不是好同桌？
是同桌不假，好同桌就不一定了。
好伤心呀。
好吧，在你不犯错的时候是好同桌。
那同桌之间是不是应该互相帮助呢？
米小圈，你别拐弯抹角了，你到底要说什么？
能借我五角钱吗？
老师，我想换座。

马不停蹄

xiǎng fāng shè fǎ

# 想方设法

## 解释

想尽各种办法。

## 造句

徐豆豆总是**想方设法**地逃避做清洁。

## 近义词 反义词

近义词：千方百计 费尽心机

反义词：一筹莫展 无计可施

# 想方设法

李黎，求求你，借给我五角钱吧！
不借！不借！不借！
哼！我得想个办法让她借给我才行。
如果你借给我五角钱，我就乖乖地听你的话。
你就是替我扫一个月的地也没用，我不借。
那我替你扫两个月的地怎么样？
那也不行！米小圈，你想方设法地借五角钱是想干什么！

mù bù zhuǎn jīng

# 目不转睛

## 解释

睛：眼珠。凝神注视，眼珠一动不动。形容注意力集中，看得出神。

## 造句

马上就要进行点球大战了，米小圈**目不转睛**地盯着电视屏幕。

## 近义词 反义词

近义词：目不斜视 全神贯注

反义词：左顾右盼 东张西望

# 目不转睛

铁头，把你的巧克力拿来，我要变一个魔术。
给你。
铁头，你要目不转睛地盯着这块巧克力。
好的。
老师来了。
哪儿呢？
米小圈，你竟然偷吃我的巧克力。

马不停蹄

# mǎ bù tíng tí
# 马 不 停 蹄

解释

马不停地向前走。比喻一刻也不停地行进。

造句

听说表弟大牛病了，米小圈**马不停蹄**地奔向医院。

近义词 反义词

近义词：快马加鞭 夜以继日

反义词：停滞不前 裹足不前

# 马不停蹄

米小圈，你会骑马吗？
那还用说。
它怎么不动呀？
我来帮你。
哎呀！怎么这么快？
哇！米小圈好厉害！简直是马不停蹄。
救命呀！怎么才能停下来？

liū zhī dà jí

# 溜之大吉

## 解释

偷偷地走开；一走了事。

## 造句

姜小牙见情况不妙，马上找了个借口，溜之大吉了。

## 近义词 反义词

近义词：逃之夭夭 抱头鼠窜

反义词：一往无前

# 溜之大吉

米小圈，
你去浇花。
好吧。
不好！危险。
绝对不可以让魏老师知道，还是溜之大吉吧。
是谁把花盆打碎了？
肯定是米小圈。
啊？！

# xiǎo xīn yì yì
# 小心翼翼

## 解释

翼翼：恭敬、严谨的样子。形容言行十分谨慎，不敢有丝毫疏忽懈怠。

## 造句

米小圈**小心翼翼**地把一个大花瓶放在桌子上。

## 近义词 反义词

近义词：小心谨慎 谨小慎微

反义词：粗心大意 毛手毛脚

# 小心翼翼

米小圈，这一次浇花一定要小心。
我发誓，我绝对不会再把花盆打破了。
为了安全，我要让花盆远离窗台。
不好！危险！
老师，米小圈又把花盆摔碎了。

zhuāng mú zuò yàng

# 装模作样

## 解释

模、样：姿态。故作姿态，装出某种样子给人看。

## 造句

看见爸爸回家，米小圈就开始**装模作样**地画画。

## 近义词 反义词

近义词：装腔作势

反义词：本来面目

# 装模作样

给我好好写作业。
放心吧！
铁头学习真认真呀。
zzZ
铁头，时间不早了，该睡觉了。
铁头，你装模作样的在干什么？
zzZ

yì tā hú tú

# 一塌糊涂

## 解释

形容糟糕到极点或乱到不可收拾。

## 造句

姜小牙没有想到，这件事会被铁头弄得**一塌糊涂**。

## 近义词 反义词

近义词：乱七八糟

反义词：井然有序 井井有条 条理井然

# 一塌糊涂

现在的孩子学习太累了，真的不忍心叫醒他。
zzZ
好吧，只好我替他写了。
Zzz
这些题好难呀。
Zzz
铁头，你的作业写得一塌糊涂，你没动脑筋吗？
老师，你不该这样说我爸爸。

# bù wén bú wèn
# 不闻不问

## 解释

不听也不问。形容对事或对人毫不关心。

## 造句

爱玩游戏的米小圈这次居然对这款新出的游戏**不闻不问**，这让姜小牙很惊讶。

## 近义词 反义词

近义词：漠不关心

反义词：嘘寒问暖 有求必应

# 不闻不问

同桌，我今天没写作业。
没写就没写呗！
你为什么对我不闻不问、漠不关心？
你的意思是让我告诉老师吗？
对！再大声点儿。
老师！米小圈没写作业。
老师，我今天的作业都写完了。
你俩别吵了！
老师，是他自己说没写作业的。

màn tiáo sī lǐ

# 慢条斯理

## 解释

形容说话、做事慢腾腾，不慌不忙的样子。

## 造句

马上就要出发了，徐豆豆还在**慢条斯理**地收拾东西。

## 近义词 反义词

近义词：不慌不忙 蜗行牛步

反义词：手忙脚乱 风风火火 雷厉风行

# 慢条斯理

米小圈，马上要迟到了，你还慢条斯理地走？
急什么，时间还早呢。
你看！还有20分钟呢。
你的表停了，明明只有两分钟了。
铁头，等等我。
你们又迟到了！

# biǎo lǐ rú yī
# 表里如一

## 解释

表：外表。里：内心。外表和内心完全一致。指人的思想、行动和言行完全一致。

## 造句

郝静是个**表里如一**的好孩子。

## 近义词 反义词

近义词：言行一致 名副其实

反义词：言行不一 口是心非 阳奉阴违 两面三刀

# 表里如一

同学们，我们应该做一个表里如一的人。
什么是“表里如一”呢？
“表里如一”就是你的言行和内心思想完全一致。
我明白了，我这就做到表里如一。
米小圈，你干什么去？
我的内心其实想去踢足球，我要表里如一。
你给我回来。

# 青出于蓝

qīng chū yú lán

## 解释

蓝：蓼(liǎo)蓝，一种植物，可做染料。青从蓼蓝中提炼出来，但颜色比蓼蓝更深。比喻学生超过老师或后人胜过前人。

## 造句

每个老师都希望自己的学生能够**青出于蓝**。

## 近义词 反义词

近义词：后来居上　后起之秀

反义词：每况愈下

# 青出于蓝

爸爸，这次我只考了60分。
什么？你考了60分？
是呀！60分。
哈哈，想不到我的儿子可以考60分。
爸爸，你是在挖苦我吗？
当然不是！我是在表扬你，要知道爸爸上学时，考试从来不及格。
不愧是我的儿子，真是青出于蓝呀。
爸爸，你要求好低呀！

ēn jiāng chóu bào

# 恩将仇报

## 解释

受人恩惠却用仇恨来报答。比喻忘恩负义的行为。

## 造句

东郭先生救了狼，没想到，那只狼竟然**恩将仇报**，要吃东郭先生。

## 近义词 反义词

近义词：以怨报德 过河拆桥

反义词：以德报怨 感恩戴德 知恩必报

# 恩将仇报

李黎，你的钢笔掉在地上了，给你。
谢谢你。
米小圈，你在做什么？
老师，米小圈上课看漫画书。
说你多少次了，为什么还敢上课看漫画书？
可恶的李黎，恩将仇报。

# pò bù jí dài
# 迫不及待

## 解释

迫：急迫，紧急，急促。指急迫得不能等待。

## 造句

生日蛋糕上的蜡烛还没有吹灭，潘美多就**迫不及待**地要许愿了。

## 近义词 反义词

近义词：急不可耐

反义词：从容不迫 待机而动

# 迫不及待

丁零零

12
3
6
9
怎么还不放学呀？急死我了。
12
3
6
9
哈哈！终于放学了。
米小圈，你干吗去？
走开！不要耽误我的时间，我要赶紧去踢足球。
20
难道你忘了吗？今天是你值日。
啊？改天行不行呀！
20

# mǎn bú zài hu
# 满不在乎

## 解释

满：完全。在乎：在意。指完全不放在心上。形容不在意、无所谓的样子。

## 造句

马上就要考试了，周然已经紧张得直发抖，徐豆豆却是一副**满不在乎**的样子。

## 近义词 反义词

近义词：若无其事 漫不经心

反义词：郑重其事

# 满不在乎

今天是你值日，
不许去踢足球。
哼！我偏要
去踢足球。
你就不怕我
告诉老师吗？
去告老师吧，
我才不在乎呢。
米小圈，
回去值日。
呜呜……李黎，
我跟你没完。

# 猜成语

（答案见 132 页）

# 猜成语

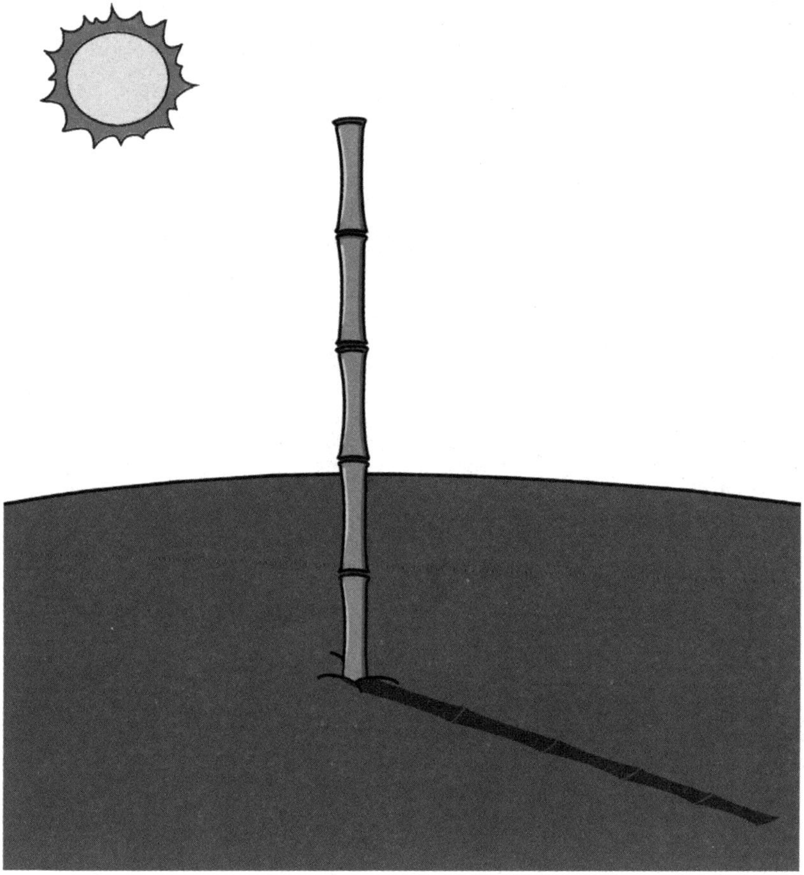

（答案见 132 页）

dà cái xiǎo yòng

# 大材小用

## 解释

把大的材料用在小地方。让有大本领的人，去做小事情。比喻人才使用不当，使之不能完全展现自己的才能。

## 造句

米小圈当上了体育委员，但他却觉得自己被**大材小用**了。

## 近义词 反义词

近义词：明珠弹雀　牛刀割鸡

反义词：人尽其才　物尽其用

# 大材小用

李黎，你来当班长。
谢谢老师。
车驰，你来当学习委员。
我最喜欢学习了。
米小圈，你来当劳动委员。
什么是劳动委员？
就是班级的劳动模范。
哼！很明显我被大材小用了。

hú shuō bā dào

# 胡说八道

## 解释

指说话不符合事实，或者没有道理地瞎说。

## 造句

张爽说自己没有**胡说八道**，可大家还是不相信他。

## 近义词 反义词

近义词：胡言乱语 信口开河

反义词：言之有理 引经据典

# 胡说八道

我听说李黎生病了。
真的吗？
而且病得很严重，今天不能来上学了。
好可怜呀。
米小圈，你在胡说八道什么？
你怎么来了？不是生病了吗？
我才没生病。
明明就是生病了，还硬撑着。
阿嚏！

nǎ shǒu hǎo xì

# 拿手好戏

## 解释

拿手：拿得出手的，指特别擅长。原指演员最擅长表演的剧目。后比喻某人最擅长的本领或技艺。

## 造句

铁头说自己的**拿手好戏**是打太极拳。

## 近义词 反义词

近义词：看家本领

反义词：一无所长

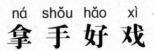

# 拿手好戏

我的拿手好戏是武术。
不错！不错！
我的拿手好戏是吹小号。
很好听。
我的拿手好戏是画画。
画得真棒！
我的拿手好戏是告他们三个的状。
我们跟你有仇吗？

zuò xiǎng qí chéng

# 坐享其成

## 解释

享：享受。成：成果。自己不出力而享受别人的劳动成果。

## 造句

我们要通过自己的劳动获得报酬，而不要**坐享其成**。

## 近义词 反义词

近义词：不劳而获 坐收渔利

反义词：自食其力 自力更生

# 坐享其成

大家是否想过拥有一支神奇的笔，可以帮你把作业写完。
这样想过的同学请举手。
我就是这么想的。
你们四个想要坐享其成？没门儿！
你们几个回家做100道数学题。
呜呜……

# gè zhí yì cí
# 各执一词

## 解释

执：坚持。词：说法。各人坚持自己的见解和说法。形容争论不休，不肯相让。

## 造句

姜小牙和米小圈**各执一词**，都认为自己说得对。

## 近义词 反义词

近义词：各持己见

反义词：异口同声　众口一词

# 各执一词

你们为什么吵架？
哼！讨厌鬼。
你才是讨厌鬼。
你们各执一词，我到底该相信谁？
米小圈抄我的作业。
李黎在诬陷我。
老师，我有证人。
什么？
李黎出去时，我看见他在抄李黎的作业。
讨厌的徐豆豆。

# shān shān lái chí
# 姗姗来迟

## 解释

姗姗：缓步而行的样子。形容不慌不忙来得很晚。

## 造句

每次集体活动，徐豆豆总是**姗姗来迟**，害得大家都得等她。

## 近义词 反义词

近义词：缓不济急 鹅行鸭步

反义词：捷足先登 健步如飞

# 姗姗来迟

同学们，你们知道“姗姗来迟”的意思吗？
姗姗来迟
老师，我知道。
有位叫姗姗的同学来迟了。
不对！
你看！果然姗姗来迟了。
老师，我来迟了。
姗姗同学，你好呀！
铁头，你再敢叫我姗姗，我就不和你做朋友了。

# bù chū suǒ liào
# 不出所料

## 解释

没有出乎意料。表示原来就已经预知。

## 造句

果然**不出所料**，这个蛋糕是被铁头偷吃的。

## 近义词 反义词

近义词：果不其然

反义词：出人意料 出其不意

# 不出所料

米小圈，魏老师叫你去办公室一趟。
什么？
米小圈，这下你要倒霉了。
没准老师叫我有好事呢。
米小圈，你作业是怎么写的？
这个这个……
呜呜……
果然不出所料。

# dǎn dà bāo tiān
# 胆大包天

## 解释

形容人的胆量比天还大，多用于贬义。

## 造句

张爽竟然敢欺骗老师，真是**胆大包天**。

## 近义词 反义词

近义词：胆大妄为 胆大如斗

反义词：胆小如鼠

# 胆大包天

米小圈，不许在黑板上乱画。
我哪里乱画了，我可是很认真地画。
你画一只这么丑的熊，还不是乱画？
我画的明明是魏老师。
好呀！你胆大包天，竟然敢丑化魏老师！
一会儿我就擦了。
米小圈，我长得有这么丑吗？
绝对没有！你是最漂亮的老师。

# zhǐ shǒu huà jiǎo
# 指手画脚

## 解释

说话时手脚并用，做出各种动作。形容说话放肆无忌或得意忘形的样子。也形容不负责任地乱加指点和批评。

## 造句

米小圈做事时，李黎总喜欢**指手画脚**。

## 近义词 反义词

近义词：评头论足 说三道四 指东画西

反义词：不闻不问

# 指手画脚

李黎，你在干什么？
我在画画呀。
你画的这条猫尾巴应该再长一些。
是这样吗？
不对！再长一些。
你太多嘴了。
到底是你画还是我画呀？！

# qià dào hǎo chù
# 恰到好处

## 解释

恰：正好，刚巧。指说话、做事恰好达到最适当的程度。

## 造句

李黎总是能把事情处理得**恰到好处**。

## 近义词 反义词

近义词：恰如其分 适可而止

反义词：过犹不及 画蛇添足

# 恰到好处

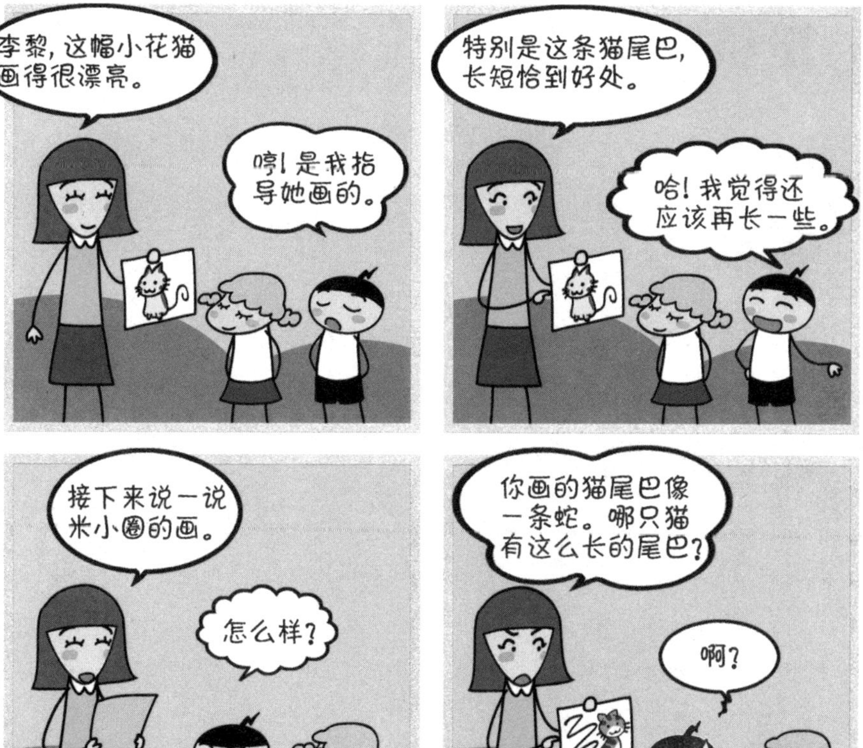
李黎，这幅小花猫画得很漂亮。
哼！是我指导她画的。
特别是这条猫尾巴，长短恰到好处。
哈！我觉得还应该再长一些。
接下来说一说米小圈的画。
怎么样？
你画的猫尾巴像一条蛇。哪只猫有这么长的尾巴？
啊？

lǚ cì sān fān

# 屡次三番

## 解释

屡次：多次。番：回，次。形容次数很多。

## 造句

魏老师**屡次三番**地强调考试时绝对不能作弊。

## 近义词 反义词

近义词：几次三番

反义词：偶尔为之

# 屡次三番

第一天
老师，对不起，我迟到了。
好吧，就原谅你一次。
第二天
老师，实在对不起，我真的不是故意迟到的。
好吧，再原谅你一次。
第三天
老师，我发誓，下一次我绝对不会迟到了。
米小圈，你屡次三番地迟到，我已经忍无可忍了。
老师，息怒呀！

bǎi lǐ tiāo yī

# 百里挑一

## 解释

从众多的人或事物中挑选出一个。形容十分出众。

## 造句

米小圈说车驰是学校里**百里挑一**的好学生。

## 近义词 反义词

近义词：数一数二 凤毛麟角 出类拔萃

反义词：比比皆是 多如牛毛 俯拾即是

# 百里挑一

我要跟你说句心里话。
老板，您说吧。
你是我们公司百里挑一的好员工。
老板，您过奖了。
你在公司的工作无人可以替代。
您的意思是要给我涨薪水？
我的意思是今晚加班，这份工作只有你能完成。
啊？！

gǎi guò zì xīn

# 改过自新

## 解释

自新：自己重新做人。改正错误，重新做人。

## 造句

米小圈决定从今天起**改过自新**，再也不迟到了。

## 近义词 反义词

近义词：改恶从善 弃旧图新

反义词：依然故我 死不悔改 执迷不悟

# 改过自新

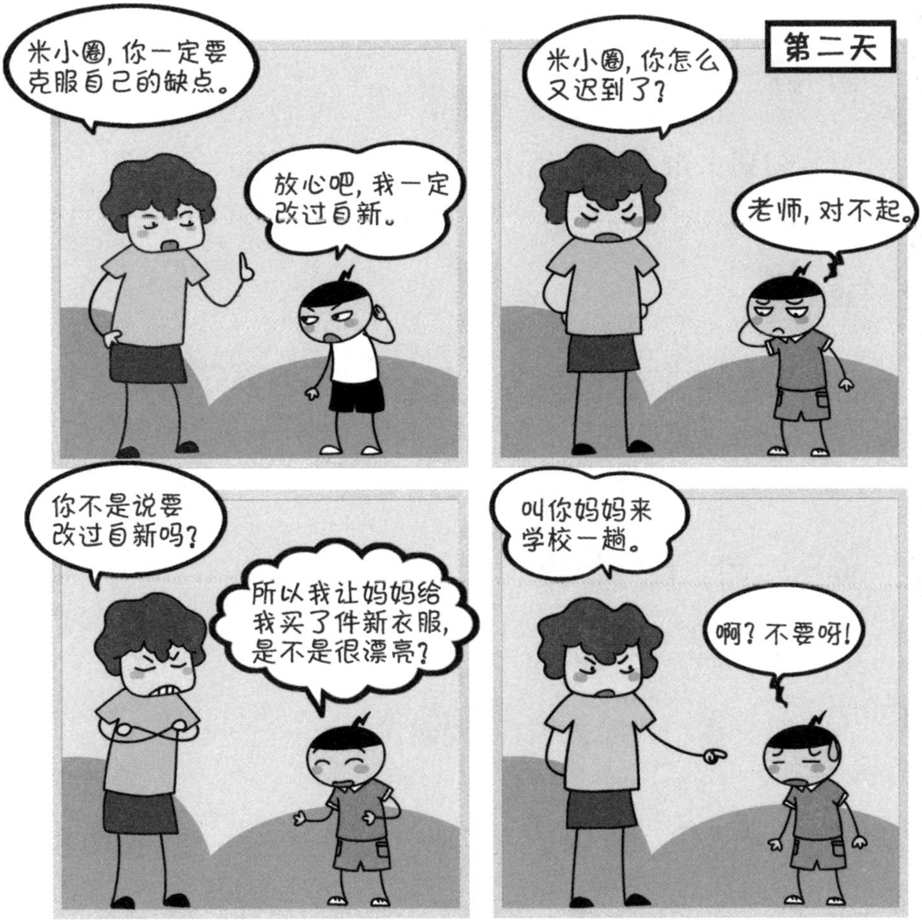
米小圈，你一定要克服自己的缺点。
放心吧，我一定改过自新。
第二天
米小圈，你怎么又迟到了？
老师，对不起。
你不是说要改过自新吗？
所以我让妈妈给我买了件新衣服，是不是很漂亮？
叫你妈妈来学校一趟。
啊？不要呀！

# qiè qiè sī yǔ
# 窃窃私语

## 解释

窃窃：形容声音细小。私下里小声说话。

## 造句

魏老师讲话时，铁头和姜小牙一直在**窃窃私语**，这让魏老师很生气。

## 近义词 反义词

近义词：交头接耳

反义词：大喊大叫 高谈阔论

# 窃窃私语

今天下雨了，只能在室内上体育课了。
米小圈，你们在窃窃私语什么？
老师，这个不太好说。
哼！事无不可对人言，你大声说出来。
老师，你裤子的拉链开了。

# hàn rú yǔ xià
# 汗如雨下

## 解释

流的汗像下雨一样，形容汗非常多。

## 造句

今天的天气异常炎热，铁头刚一出门就**汗如雨下**了。

## 近义词 反义词

近义词：汗流浃背 挥汗如雨

反义词：若无其事

# 汗如雨下

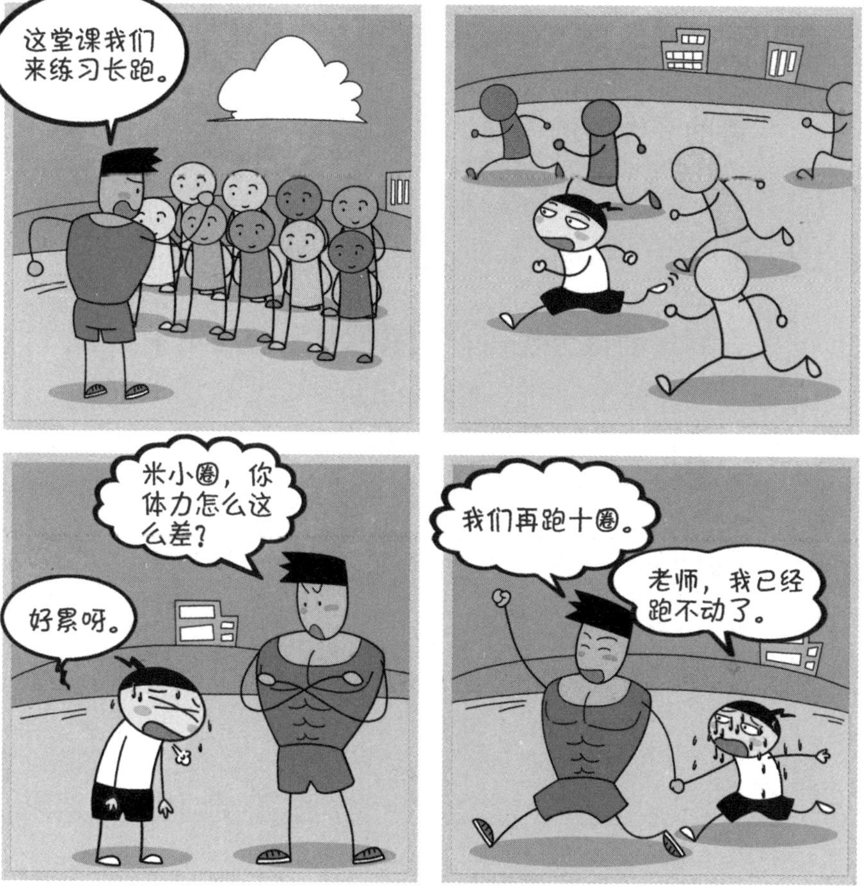
这堂课我们来练习长跑。
米小圈，你体力怎么这么差？
好累呀。
我们再跑十圈。
老师，我已经跑不动了。

# dǎ bào bù píng
# 打抱不平

解释

帮助受欺压的人说话或采取某种行动。

造句

看到郝静被冤枉了，大家都替她**打抱不平**。

近义词 反义词

近义词：见义勇为 仗义执言 拔刀相助

反义词：欺软怕硬 见死不救 明哲保身

# 打抱不平

有人欺负我。
是谁？太可恶了，我去帮你报仇。
我劝你还是别去了。
不行！我铁头一向喜欢打抱不平。
没错，就是我。
铁头，就是他欺负我。
可恶！
米小圈，你刚才说得对，冤冤相报何时了呀。我们回去吧。
铁头，你！

# 来之不易

lái zhī bú yì

## 解释

形容获得成功或得到财物非常不容易。含有应该珍惜的意思。

## 造句

米小圈深知自己今天取得的好成绩是**来之不易**的。

## 近义词 反义词

近义词：谈何容易

反义词：轻而易举 唾手可得

# 来之不易

爸爸，给点儿零花钱呗。
你的零花钱要自己赚才行。
怎么赚？
家里的碗还没有刷，你刷一个碗我给你一角钱。
太好了。
别高兴得太早了。
这钱真是来之不易呀。

# bèn niǎo xiān fēi
# 笨鸟先飞

## 解释

愚笨的鸟比别的鸟先飞翔。比喻能力差的人做事时，恐怕落后，比别人提前行动。

## 造句

虽然铁头不聪明，但是他相信**笨鸟先飞**，加倍努力就一定会取得好成绩。

## 近义词 反义词

近义词：勤能补拙

反义词：甘居人后

# 笨鸟先飞

李黎，你今天来得可真早呀。
谁像你，总是迟到。
你在做什么？
我在学习。你明知故问！
看见你这么早，这么努力地学习，让我想起一个成语来。
是“专心致志”这个成语吗？
不！是“笨鸟先飞”。
哼！你才是笨鸟。

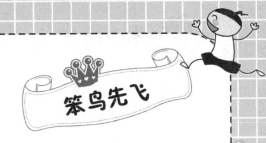

lüè zhī yī èr

# 略知一二

## 解释

略：稍微，大致。稍微知道一点儿。

## 造句

米小圈对邻居猫先生的事**略知一二**。

## 近义词 反义词

近义词：略知皮毛

反义词：无所不知

# 略知一二

铁头，你怎么睡着了？
铁头，3乘以4等于多少？
我略知一二。
不错，很谦虚，说说看。
老师，我都说了我略知一二。
我是说，我只知道1乘以2等于几。

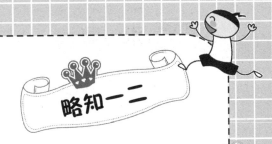

quán shén guàn zhù

# 全神贯注

## 解释

贯注：集中在一点。形容精神高度集中。

## 造句

教室里，同学们都在**全神贯注**地听魏老师讲课。

## 近义词 反义词

近义词：聚精会神 专心致志

反义词：心不在焉 漫不经心

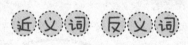

# 全神贯注

大家上课时不应该走神，应该全神贯注地听讲。
米小圈今天就很全神贯注。
我怎么觉得他怪怪的。
米小圈，米小圈。
?
什么？
ZZZ
老师，米小圈睁着眼睛睡着了！

# liáo liáo wú jǐ
# 寥寥无几

## 解释

寥寥：稀少。形容非常稀少。

## 造句

据说能完成这项任务的小学生**寥寥无几**，不过铁头打算挑战一下。

## 近义词 反义词

近义词：屈指可数 九牛一毛 寥若晨星

反义词：不计其数 大有人在 成千上万 多如牛毛

# 寥寥无几

小圈哥，把这个存钱罐给我呗。
不行！这里面有好多的钱呢。
我拿十元钱换你的存钱罐。
10元
好吧！
哈哈，发财了。
不要呀！多漂亮的存钱罐呀。
10元
怎么就这么一点儿钱呀，才三角钱。
我喜欢用“寥寥无几”来形容它。

# bì ér bù tán
# 避而不谈

解释

避：躲避。谈：谈论。有意避开，不去谈论。

造句

姜小牙对考试不及格的事**避而不谈**。

近义词 反义词

近义词：守口如瓶

反义词：直言不讳

# 避而不谈

米小圈，你昨天的作业没有写吗？
今天外面的风可大了。
米小圈，你少打岔！我问你，你为什么不写作业？
妈妈，今天晚上吃什么呀？
米小圈，把这些练习题都做了。
啊？
妈妈，这么多题我一晚上怎么可能做完呀？
今天外面的风可真大呀。

# 成语填空

| | | | | | | | | |
|---|---|---|---|---|---|---|---|---|
| 移 | | | | | | | | |
| 花 | | 流 | | | 退 | | | |
| | 二 | | 三 | 长 | | 短 | | |
| 木 | | 忘 | | | 难 | 解 | 难 | |
| | | | | | | | | 秒 |
| | | 老 | 生 | | 谈 | | | |
| | 价 | | 价 | | 笑 | | | 争 |
| | | 童 | | 春 | | 化 | 雨 | |
| | | | 妙 | | | 花 | | |

（答案见 133 页）

# 成语填空

（答案见 133 页）

马不停蹄

# 参考答案

第 42 页答案

百里挑一

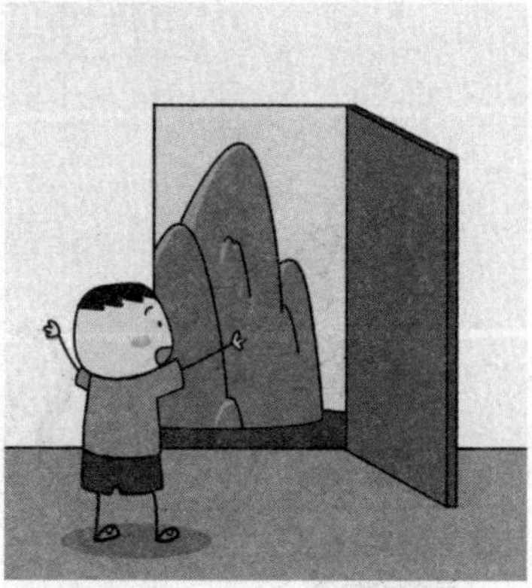

第 43 页答案

开门见山

第 84 页答案

口是心非

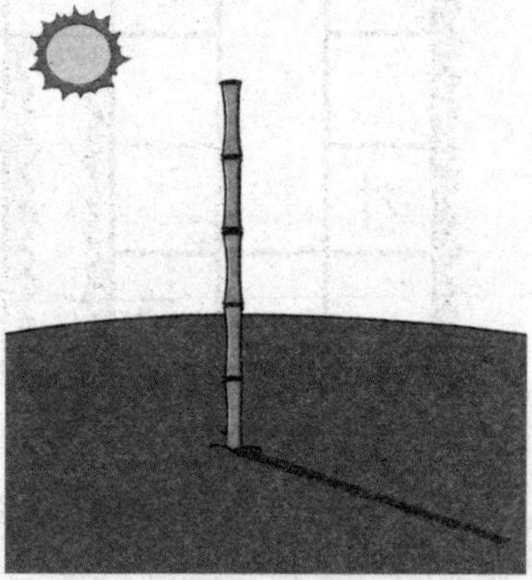

第 85 页答案

立竿见影

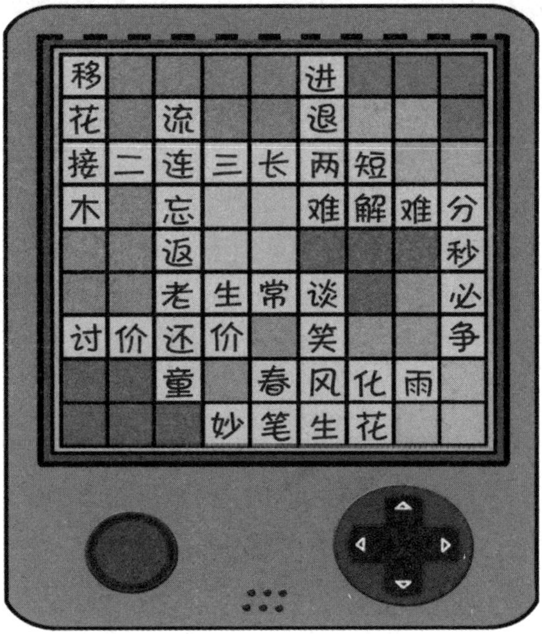


第 130 页答案

第 131 页答案

**图书在版编目（CIP）数据**

马不停蹄 / 北猫编著. —2 版. —成都：四川少年儿童出版社，2019.10（2022.4 重印）
（米小圈漫画成语）
ISBN 978-7-5365-9616-0

Ⅰ. ①马… Ⅱ. ①北… Ⅲ. ①漫画—作品集—中国—现代②汉语—成语—少儿读物 Ⅳ. ①J228.2②H136.31-49

中国版本图书馆 CIP 数据核字（2019）第 201970 号

出 版 人　常　青

策　　划　黄　政　明　琴
责任编辑　黄　政
封面设计　刘　亮
责任校对　覃　秀
责任印制　王　春

MABUTINGTI
书　　名　马不停蹄
编　　著　北　猫
出　　版　四川少年儿童出版社
地　　址　成都市槐树街 2 号
网　　址　http://www.sccph.com.cn
网　　店　http://scsnetcbs.tmall.com
经　　销　新华书店
图文制作　喜唐平面设计工作室
印　　刷　成都紫星印务有限公司
成品尺寸　202mm × 175mm
开　　本　24
印　　张　6
字　　数　120 千
版　　次　2020 年 1 月第 2 版
印　　次　2022 年 4 月第 43 次印刷
书　　号　ISBN 978-7-5365-9616-0
定　　价　22.00 元

小朋友们，想把发生在你身边的趣事告诉北猫叔叔吗？

快快拿起手机，给他发送微信吧！等你哟！

找到北猫叔叔

听“米小圈”广播剧

获得米小圈定制文具

抽奖得北猫叔叔签名书

快来扫一扫吧！